# biomeditación

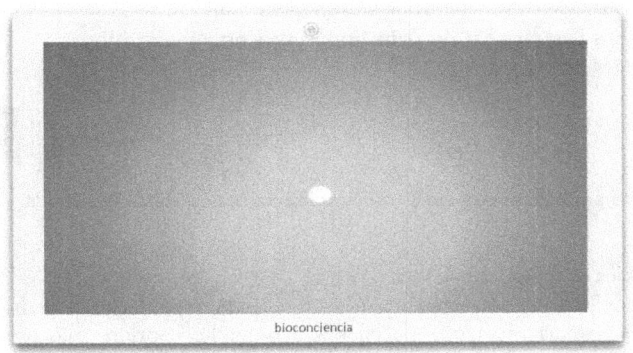

## con
## jaime kurt

unas palabras de

bioconciencia

México/México

Ficha Bibliográfica.
Jaime Kurt. **Biomeditación**.
México, Bioconciencia, 2014.
40p. Primera Edición.
Cerca de 6000 palabras escritas.

Todos los Derechos Reservados © 2014 Jaime Kurt.
All Rights Reserved © Copyright 2014 Jaime Kurt.
ISBN 978-607-95505-9-2

Editado por **bioconciencia®**. **bioconciencia** es una Marca Registrada.

Prohibida su reproducción total o parcial.
Ninguna parte de este libro puede ser traducido, reproducido o grabado en ningún sistema. Tampoco puede ser transmitido, copiado, fotocopiado o grabado en ninguna forma, o a través de cualquier medio digital, electrónico, mecánico, y sobre todo, sin autorización previa por escrito del editor.
Primera Edición de Registro: 2014.
Primera Edición Publicada: 2014.

**Registrado en INDAUTOR Instituto Nacional del Derecho de Autor
SEP**

Contactos: www.bioconciencia.net    bioconciencia@live.com.mx

Diseño de Portada: J.Rosenfeld.
Algunas imágenes son cortesía de la **o**besidadespiritual ©
Un agradecimiento Especial a Hans Rosenfeld por su asesoría en Diseño.
Asimismo a Sandra Cruz Tovar y a www.pixland.com.mx.

Impreso en United States of America. Printed in USA

**Para mi amada esposa Lulú**
Juntos iniciamos tan luminosa práctica

**Para mis Maestros todos**
¡Gracias!

Mención especial, agradecimiento y respeto para:
**Rabí Aryeh Kaplan**
(de bendita memoria)

## bienvenida
para la versión literaria

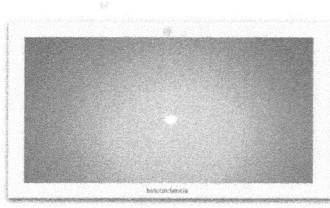

**H**ola, bienvenido. Nuevamente muy agradecido y contento que estés leyendo estas palabras de bionciencia. Este es otro escrito especial, particular, único. Aunque en la **o**besidadespiritual hay todo una secuencia llamada meditación/oración dedicada a la introducción de ambos temas y el recordatorio que ambas prácticas están unidas, la idea de escribir un texto independiente con nuevas aportaciones y explicaciones más simples para todo público estaba aproximándose cada día más, hasta que la posibilidad arribó, se transformó … ¡*ed voilà*! como dijera una querida maestra de francés. Algo muy importante: el texto fue concebido y escrito para ser escuchado. Es decir, para que lo leas en voz audible tú mismo. Además, es el texto de un audio grabado ya disponible. Audio y texto pueden servir al estudiante inicial o intermedio de meditación. Pero vamos a simplificar más. Sencillamente es el texto original de biomeditación, la primera sesión de esta fascinante, poderosa y simple actividad espiritual. Y ya que estamos en medio de la simpleza solamente resumo: gracias, bienvenido, una feliz estancia por estas palabras y que recibas pronto sus beneficios prácticos. ¡Una buena vida!

Jaime Kurt
México DF 15 de Enero del 2014.

## 01 Bienvenida & Introducción.

Hola. Buen día.

Gracias por adquirir este álbum.

Gracias por escuchar estas palabras de bioconciencia.

Estas palabras están dedicadas a la biomeditación.

Es decir a la meditación, la oración y la bioconciencia.

Tema el cual cobra mayor interés por parte de un público con un anhelo creciente, cada vez más fuerte por conocer esta materia esencial de lo espiritual.

Estas palabras así como la serie completa de unas palabras de bioconciencia, son guías de introducción a temas esenciales de bioconciencia, de lo espiritual, de la vida simplemente.

Son pláticas personales entre tú y yo sobre temas maravillosos e importantes para nuestras vidas.

También estos minutos pueden ser percibidos como pequeños viajes hacia lugares esenciales de lo espiritual. Los vamos a visitar juntos y si me permites te voy a mostrar sencillamente varios elementos claves: su esencia, a veces su origen, comentarios sencillos, su aplicación práctica y sobre todo invitarte a que todo esto te sirva en tu vida diaria, en tu vida cotidiana. Invitarte a que lo utilices en tu vida. A que nos acerquemos a la fuente espiritual.

Gracias por tu tiempo, tu deseo y por estar en este momento.

Vamos a empezar, con algo sencillo.

Una pregunta, ¿Para qué sirve la meditación en general?

Hay técnicas de meditación para diversos fines: relajación, sanación, para mejorar la concentración, para evitar la depresión causada por la rutina, etc. Los resultados en cualquiera de ellos son positivos y benéficos. En bioconciencia, la meditación es un pilar en la vida de cada actor humano. Elemento determinante en el proceso del aprendizaje y el conocimiento ya que afina la concentración y facilita el estudio. Además de todos los resultados positivos que se obtienen al meditar apropiadamente, en lo espiritual es esencial.

Invitación a la convivencia, tolerancia, dignidad humana, son algunos beneficios más de la meditación de bioconciencia, los cuales se ven reflejados en el bienestar individual, la familia y las relaciones con el humano de enfrente.

Hoy, cuando transitamos por circunstancias especiales que sensibilizan la relación con el vecino, el prójimo, la biomeditación es muy buena para todos nosotros.

De esto tratan estas palabras.

## 02 Acercamiento a la Meditación.

Hay mucho interés por el tema de la meditación.

Y cada día son más las personas involucradas en esta importante actividad física espiritual.

Y al mismo tiempo cada día se desprende más la etiqueta de la meditación como exclusiva de algunos seres iluminados que habitan en una montaña o pertenecen a algún rito o costumbre religiosa oriental.

A nivel popular hace 40, 45 años la mayoría de la gente pensaba que la meditación era solo para personas muy religiosas. Inmediatamente se pensaba en algún personaje de la India, alguna montaña de China, alguien del Tibet o algún estudiante extravagante del Japón. Los movimientos musicales de los 60s del Siglo 20 las estrellas *pop* de aquellos años se encargaron de hacer famosa la meditación de aquellas latitudes y sus beneficios, así como de sus etiquetas, positivas y negativas. La meditación se percibía como algo lejano, algo extraño a nosotros, pero con un imán fuerte de curiosidad y beneficios.

Hoy en día la palabra meditación tiene menos espinas y ya es manejada por amplios sectores.

Muchas personas ya estamos más enteradas. Otros simplemente saben que existe este sistema de enfoque y reflexión. Sin embargo a pesar de que incluso en estaciones de Radio se realizan meditaciones, que la ciencia la aprueba y la prueba con más animosidad, que hay escuelas y maestros diseminados por varias ciudades, que es del conocimiento público que la meditación trae consigo grandes beneficios y que su práctica es más que recomendable, todavía hay mucho que platicar sobre esta ancestral actividad y sobre todo, hay mucho que meditar.

Bueno, aquí vamos a acercarnos a esta práctica de forma segura, simple y eficaz.

Como lo mencionamos hay muchos sistemas de meditación, y cada vez hay la posibilidad de conocer más. Esta es una ventaja.

Meditar es enfocar el pensamiento.

Más bien es el sistema de aprendizaje de entrenamiento para lograr enfocar la mente en algún punto deseado.

En un nivel, meditar es un tipo de entrenamiento mental. Entrenar la mente para enfocarla en algo.

Hay diferentes sistemas y el enfoque puede ser auditivo, visual, aromático incluso.

Hay técnicas muy variadas y las hay de diferentes duraciones. De 5, 10, 20 minutos. Ya los meditadores avanzados cruzan la barrera de las medias horas. Nosotros somos estudiantes promedio.

## 03 Historia Espiritual de la Meditación.

Pero recordemos algo importante. Estas son unas palabras de bioconciencia y en bioconciencia sabemos que todo proviene de una esencia espiritual.

En independencia de algunos sistemas y técnicas que ven la meditación como un eficaz y poderoso sistema para entrenar la mente, en bioconciencia los vemos con respeto pero agregamos que la esencia de todo es espiritual y que gracias al Creador podemos conectarnos a ámbitos espirituales más sublimes, elevados, más puros, vamos a nombrarlo así.

Así que desde el punto de vista espiritual, todo sistema de pensamiento tiene sus técnicas de meditación.

Cualquier sistema religioso el cual su esencia viene de lo espiritual posee un sistema meditativo.

Inmenso ¿no?

Bueno afortunadamente, eso es muy bueno.

Pero la meditación aquí presentada tiene un sistema propio y es de lo que estamos platicando.

Pero antes de seguir una aclaración, o más bien un *tip*. Es una muy buena sugerencia. Para ti, para tus amigos, para toda persona que así desee aplicarla.

Cada vez que se acerquen a alguna escuela espiritual, a algún sistema espiritual, a algún maestro por llamarle así, hay que pedir las fuentes esenciales. Hay que saber de dónde viene ese conocimiento. Quienes son los maestros originales.

Recuerda esto por favor. Hay que pedir conocer los textos esenciales de donde brotan las sugerencias meditativas en este caso.

Claro, que esta sugerencia es válida para cualquier conocimiento y práctica espiritual.

"Mucho gusto, es un placer estar aquí, pero dígame por favor de dónde viene este conocimiento. Quiénes son los maestros y sabios que enseñaron esta lección, sugerencia, sistema."

Es importante. Así que como ya te lo habrás preguntado, con gusto mencionaré la fuente esencial de biomeditación. Según el sentir de bioconciencia todo el sistema espiritual brota de los 5 Libros de Moisés. De *moshéh*.

Y biomeditación también encuentra su origen y esencia en los 5 Libros de Moisés.

Pero esto ya necesita de un viaje a la Historia Espiritual.

Según bioconciencia y los grandes Sabios estudiados, todo

el Mundo físico brota de acuerdo al Relato del Primer Libro, llamado en español Génesis y por consecuencia todo se inicia en aquellos tiempos espirituales.

La meditación tiene su origen según algunos maestros en el hijo de Abraham nuestro papá: Isaac hijo de Sara. Él es el precursor de la meditación. Isaac salía a orar, meditar al campo como hay alguna cita en Génesis. De aquí que salir a un bosque, a un parque, donde haya vegetación, plantas, árboles, sea más que recomendable.

La meditación tiene una hermana gemela: la oración. Y ambas, incluyen el pensamiento y la palabra.

Así que oración y meditación están unidas.

Y cito directamente el libro la obesidadespiritual en su página 103: "La meditación es básicamente un entrenamiento mental donde el meditador busca afinar el control de sus pensamientos para lograr una conexión con estados mentales deseados. Además de lograr gradualmente la desconexión con pensamientos no deseados o no apropiados.

En un nivel básico la meditación es un entrenamiento de la mente para usarla de mejor manera. Para detectar mejor los pensamientos, observarlos y elegir los adecuados para el desarrollo y crecimiento de la persona."

Dicho sea en otras palabras, lograr meditar es calmar el flujo mental, calmar el flujo de los pensamientos, las ideas." ¿Para qué? Para seleccionar los pensamientos adecuados. Un pensamiento positivo, el adecuado para ti, para tu vida personal, te lleva a una actuación mejor. Y por ende, a una vida mejor.

## 04 biomeditación regresiva.

Me gustaría invitarte a un ejercicio que acostumbro realizar cada ocasión en que hablo frente a un público acerca de Historia, de Espiritualidad, de bioconciencia.

Cada vez que estoy en un tipo de sesión, clase, conferencia, o charla me gusta realizarlo.

Bueno también lo hago cuando estoy platicando con un amigo, conocido, en un café, o con alguien que se acerca para que conteste algunas de sus preguntas personales acerca de bioconciencia o espiritualidad.

O como en este momento, que realmente estamos en una charla, compartiendo información.

Se trata de una regresión. Un ejercicio que se asemeja a una regresión.

Es algo sencillo, seguro, y muy provechoso.

Te lo voy a explicar, casi todo se trata de preguntarte dónde estabas cuando naciste primero, y luego preguntar acerca de dónde estaban tus papás y los papás de tus papás en determinada fecha.

Esta regresión la podemos nombrar también como una meditación de nuestra biografía familiar.

Meditar también es reflexionar, analizar, encontrar respuestas.

Si deseas puedes hacer esta pequeña meditación o regresión. Si no únicamente la puedes escuchar. O te puedes saltar el *track* y luego retornar cuando así lo desees.

Toma un artefacto para escribir por favor, es decir una

pluma, además de papel.

Siéntate cómodamente y simplemente responde con simpleza, utilizando todo tu conocimiento de fechas, lugares, ancestros.

De acuerdo, empecemos.

Anota por favor la fecha de tu nacimiento.

Y la pregunta es, por favor escribe donde estaban tus papás en esa fecha. Cuando tú naciste.

Generalmente es una pregunta fácil de contestar.

En dónde estaban tus papás cuando naciste. Anota el lugar por favor, ciudad, país.

Hay casos donde este dato no se tiene. Dependiendo de la biografía personal de la persona a veces no se tienen estos datos con precisión. No te preocupes. No hay nada de qué preocuparse.

Sigamos.

Vamos a restarle 40 años a esa fecha de nacimiento tuya y preguntamos, ¿dónde estaban tus abuelos en esa fecha? Es decir los papás de tus papás. O sea tu papá 2.

Aquí hay dos posibilidades la línea materna o la paterna. Los ancestros vía tu papá o los ancestros vía tu mamá.

Escoge la línea de ancestros que prefieras en este momento. La que desees. La que conozcas más. La que te atraiga más.

Repito ¿dónde estaban tus abuelos en esa fecha (40 años antes de tu nacimiento)? Escribe por favor el lugar, ciudad, país.

Puedes poner pausa al reproductor de audio y continuar por periodos de 30, 40, 50 años. Incluso por periodos de 100 años. Pero por razones de respeto a tu tiempo, vamos a imprimir más velocidad y continuemos para llegar a donde deseamos.

No te inquietes pero por favor dime, ¿dónde estaban tus papas hace cerca de 500 años?

Quiero decir los papás de tus papás de tus papás de tus papás.

Es decir tu papá 19. ¿Dónde estaba hace cerca de 500 años?

Para la mayoría de nosotros es difícil saberlo con precisión. Hay personas que si lo saben. Si eres una de ellas, por favor escribe la ciudad, la región, el país.

Si no lo sabes con precisión. No hay nada de qué preocuparse.

Podemos intuirlo.

¿Dónde estaban tus papás hace cerca de 500 años?

Estaban en la recién revelada América o bien en la recién resurgida Europa. ¿O en alguna otra región?

Por favor escríbela, trata. Un acercamiento. Ándale.

Es simple.

Ahora bien hay un *tip* muy bueno para encontrar algunos rastros de dónde andaban nuestros ancestros, nuestros papás. Lean los encabezados de la noticias, por así decirlo del tiempo que desean investigar. Una lista de acontecimientos de la época y donde se sientan atraídos, puede ser un indicativo, una muestra de que tal vez nuestros papás estaban por ahí. Y si ellos estaban, nosotros potencialmente también estábamos. Esto suena un poco superficial a primer oído, pero no lo es.

Tiene su esencia espiritual.

Por ejemplo ¿dónde estaban tus papás hace cerca de 1,000 años?

Tus papás 38. Digo tus papás 38, porque si cada generación es de 26 años, en 1000 años habrán pasado 38 generaciones. O sea hay 38 papás entre esa persona hace mil años ... ¡y tú!

Si buscamos una lista de acontecimientos de hace cerca de 1,000 años podemos leer:

> ¡Extra Extra~! Guillermo el conquistador de Normandía es coronado Rey de Inglaterra, en Londres. Se hacen populares, los molinos de agua. Cada día más gente conoce los números arábigos. Ciudades europeas se unen para ir a tomar Jerusalem. Las Cruzadas son parte de la vida europea.

Etcétera.

Esta son algunas de las noticias de lo que ocurría hace cerca de 1,000 años. Si lees estos encabezados. Y otros más, habrá algunos que te atraigan con mayor magnetismo.

Este magneto puede ayudarnos a localizar algunas regiones geográficas y algunos acontecimientos históricos donde nuestros papás estuvieron.

Esto quiere decir, entonces, que hace cerca de 1,000 años es muy posible que alguna línea de tus papás haya estado en alguna ciudad europea, o bien rumbo a Jerusalem.

Piensa, medita un poco, reflexiona. Y poco a poco podemos ir intuyendo, descubriendo donde estaban nuestros papás.

Sigamos.

¿Dónde estaban tus papás hace cerca de 2,000 años?

¿En alguna población de Europa, Asia, África? … ¿Cerca de Judea? ¿Cerca de Galilea?

Puede ser.

Y para finalizar esta meditación regresiva en el tiempo histórico ¿Dónde estaban tus papas hace cerca de 3,000 años?

¿En Jerusalem?

¿Cerca del Rey David?

¿Cerca del Río Jordan?...puede ser.

Está algo complicado saberlo con exactitud, con precisión, pero nuestra alma si lo sabe.

El alma lo sabe todo.

¿Para qué nos sirve esta meditación, esta regresión?

Para engrandecer nuestra conciencia.

Si hay más información, hay más conciencia.

Si hay más información histórica, hay más conciencia biográfica.

Si hay más información espiritual, hay más conciencia espiritual.

Esta regresión la podemos realizar hasta llegar a Abraham nuestro papá, papá de todos los pueblos espirituales.

Podemos llegar a Noé. Papá Noé.

O hasta a Adam. La humanidad misma.

¿De qué sirve mencionar que todos formamos parte de la humanidad, si ya lo sabemos?

¿De qué sirve escribir que todos venimos de Noé, si ya lo sabemos?

¿De qué sirve acentuar que espiritualmente todos venimos de Abraham nuestro papá, si ya lo sabemos?

Bueno, simplemente recordarlo.

Recordar que espiritualmente Abraham es el papá de todos los pueblos espirituales, es muy bueno.

Bien, hasta aquí la meditación y la regresión.

Es tiempo de un *coffee break*, como dijera un amigo de una cafetería.

Como el mundo es libre, cada quien puede hacer uso de su tiempo libre como desee.

## 05 Presente. David el Rey. La carta.

Bueno, ya estamos de regreso a este tiempo, a este momento, nuevamente gracias por escuchar estas palabras de bioconciencia.

Estas palabras dedicadas a la biomeditación y mencionamos al principio que la meditación tiene una hermana gemela, la oración.

¿Qué es orar, la oración?

Es una alabanza al Creador.

Simplemente es una reverencia al Amo de todos los Mundos.

Es dar gracias y pedir ayuda.

Todo lo demás es personal.

Hay dos tipos de oración, la formal y la improvisada.

La formal es la oración o la serie de oraciones escrita por nuestros Sabios, Maestros o guías.

Por ejemplo los Salmos.

Los Salmos es entre muchos altos conceptos un libro de oraciones, alabanzas, cánticos, atribuidos a David el rey. Es el primer Libro de oraciones.

Es el libro de alabanzas por excelencia.

Escrito en su mayoría por David es el ejemplo de la oración formal, guiada, escrita para ayudar a quien no posee el conocimiento de la oración.

Hay algunas personas quienes por su biografía, por su vida personal no tuvieron acceso de pequeños a una educación espiritual y no saben cómo utilizar la oración. Está bien, por algo bueno será.

Seguimos, entonces tenemos la oración formal como el Libro de los Salmos o algún libro de rezos escrito por guías. Y tenemos la oración improvisada que esencialmente es

¡gracias y ayúdame!

En esencia los dos tipos de oración contienen lo mismo: reverencia, agradecimiento y por favor ayúdame … que necesito que esto sea solucionado, matizado, aligerado.

Todo lo demás es personal.

Por ejemplo David, daba las gracias, y pedía principalmente ayuda para vencer en las batallas. David todo lo hacía con oración. Es su herramienta primera.

David es uno de los grandes maestros, uno de mis maestros. Mi maestro.

Aunque se escuche algo disonante, es uno de mis maestros.

Y lo afirmo porque lo leo, estudio, lo consulto, le sigo, busco sus consejos escondidos.

Y evidentemente pronuncio sus alabanzas, cantos, Salmos.

Hace cerca de 22 años mantenía correspondencia con uno de mis primeros maestros espirituales. Aunque no creo que se considerara así, pero siempre lo observé como un guía espiritual.

Estudiaba sus libros, comentarios y cuando supe que vivía en una ciudad del Este del Canadá inmediatamente lo traté de contactar, le escribí y le hacía preguntas vía carta. El correo electrónico apenas empezaba, con él lo hacía de forma análoga, bueno, es mejor decir en papel y tinta.

En una ocasión le escribí: "…por favor maestro dígame si está dando clases en alguna escuela, universidad, clases particulares, dígame para tratar de irme a ese lugar. Créame por favor que arreglo todo y me voy a tomar clases con Usted, es una verdadera oportunidad y pienso que el convertirme en su alumno sería una etapa muy importante para mi vida escolar, espiritual."

Como siempre, después de algún tiempo, llegó la respuesta. Casi siempre llegaba. Era muy atento y dispuesto siempre a responder y ayudar.

La carta llegó y me dijo rápidamente que no era necesario trasladarme hasta donde estaba él pues al leer sus escritos, estudiar sus palabras y rescatar la esencia espiritual de lo recibido era suficiente.

Que con esto era suficiente para calificar como su alumno.

¡No sabes la alegría que me dio!

Alumno de mi maestro. ¡Y qué maestro!

Esta es una gran verdad espiritual. Sobre todo cuando se trata de textos espirituales.

El maestro impregna sus letras de su conocimiento y al leerlas, estudiarlas, seguirlas, la relación maestro-alumno se establece.

¡Qué maravilla no!

Es lo que nos pasa con David, entre un sinnúmero de cosas el maestro de la Oración por excelencia.

Mi maestro David, nuestro maestro.

El hace cerca de 3000 años escribió las sugerencias más fuertes y eficaces para obtener de la oración sus altos beneficios como la herramienta más poderosa de la conexión espiritual.

## 06 La oración.

Desde un principio se ha anunciado en esta sesión que meditación y oración están unidas, enlazadas, fuertemente emparentadas. Y así lo están.

Oración es dar gracias y pedir ayuda.

Meditación es analizar, reflexionar, entrenar la mente para poder enfocar mejor.

La meditación sin intención espiritual funciona poco aunque científicos han comprobado su gran eficacia y beneficio. La oración sin enfoque ni análisis sirve poco aunque afirman los Sabios que siempre es recibida y contestada.

Orar y meditar se unen cuando entra en juego el deseo de contemplar e impregnar de intención espiritual el enfoque.

Meditar es enfocarse en algo, estudiarlo, acercarse. Es decir analizar.

Orar es muy simple. Sencillamente es decir: gracias y ¡ayúdame por favor! Todo lo demás es personal.

La meditación debe incluir el objetivo la esperanza, la fe.

La oración debe incluir el análisis, la concentración, la intención. Conceptos ligados a esencia, alma.

La meditación y la oración ofrecen el ascender gradualmente y con mucho cuidado a otros niveles espirituales.

Según nuestro punto de vista, meditación y oración aparecieron juntas con Abraham nuestro papá y su hijo Isaac. Reguladas por Jacobo, perfeccionada por Moisés. Transferida a herramienta popular por David el rey.

Gracias a David el rey, la oración está al alcance de todos.

Donde te encuentres es posible realizar una biomeditación, una oración.

La podemos implementar en este momento.

## 07 biomeditación micro oración.

Bueno, primero vamos a cerciorarnos que no estemos en el baño. O en un lugar sucio.

Vamos a sentarnos cómodamente, relajarnos, cerramos los ojos cierra las ojos por favor y puedes repetir conmigo.

Puedes marcar las palabras al volumen que desees.

"Creador del Universo, Formador de todo lo existente, Amo de todas las cosas, gracias por permitirme arribar a este momento. Gracias por Todo."

Y si lo deseas puedes pedir por algo personal.

Menciónalo. Marca las palabras. Escúchate.

Pide por algo personal.

(pausa)

La oración hace que uno se sienta bien.

Esa es una oración, sencilla, eficaz, esencial.

Gracias y ayúdame a vencer a mis enemigos personales.

¿Quiénes son los enemigos? Los hábitos negativos personales. Esos también son los enemigos más peligrosos.

Hay que pedir el conocimiento que poco a poco y con bondad sepamos cuáles rasgos hay que pulir, qué hábitos negativos hay que transformar para bien así como la fuerza necesaria para vencer.

Hay que pedir ayuda.

Es una batalla espiritual. Necesitamos ayuda. Hay que pedirla.

Medita sobre estas palabras.

## 08 Sugerencias previas.

Antes de entrar más profundamente a la práctica en la meditación, me gustaría mencionar un listado de cosas esenciales.

Sugerencias básicas.

El tipo de meditación más recomendable de bioconciencia es sentado.

Así que necesitamos un lugar especial.

Si planeas meditar con una rutina diaria, que es lo más recomendable, entonces necesitas un lugar especial de meditación.

Puede ser en una habitación limpia, con el menor ruido posible.

¡Ah! antes que se me olvide, si puedes realizar tu rutina de meditación en un bosque, en un parque, alrededor de plantas y árboles…sería altamente recomendable.

Si puedes ir algunas veces a un parque y escuchar estas palabras ahí. Sería formidable.

Practicar una meditación ahí ¡maravilla pura!

Bien, entonces vamos a decir las sugerencias previas a cualquier meditación.

### Sugerencia inicial

Procura encontrar un lugar en tu casa que designes como tu espacio de meditación/oración. Siéntate en una silla cómoda. Confortable.

Por favor, te recuerdo que no elijas lugares sucios (nunca el baño).

### Sugerencia 2

Si es en tu casa, habitación, elige un horario nocturno de preferencia, o bien antes de que salga el sol para dedicarlo a esta actividad. Apártalo como tu tiempo espiritual. Es importante

### Sugerencia 3

Apaga la luz de la habitación. Si tienes un *dimmer* un artefacto que pueda graduar la luz, nos puede servir. La sugerencia es una luz tenue. Puede quedar encendida una vela. Solo necesitamos la flama de una vela para empezar.

### Sugerencia 4

Trata de desconectarte del teléfono, celulares, *emails*, o cualquier otro tipo de alarmas y ruidos que puedan interrumpir la sesión.

### Sugerencia 5

Viste cómodamente. Nada ajustado que moleste. Intenta quitar adornos, relojes de mano, metales que lleves puesto. Ropa de vestir ligera. La necesaria.

### Sugerencia 6

Trata de estar lo más limpio posible. Una lavada de manos previa es recomendable. A veces ¿hay posibilidad de tomar baño completo? magnífico.

Estas 6 sugerencias previas son importantes.

Pensemos que estás en tu habitación o en un parque.

Estás ya cómodamente sentado.

Muy bien, ahora pasemos a la biomeditación.

09 biomeditación.

Esta es una meditación guiada simple. Eficaz. Muy fuerte. Poderosa.

Siéntate cómodamente en tu silla preferida. O si es el caso, en una banca que encuentres confortable.

Vamos a poner las manos sobre nuestras piernas con las palmas hacia arriba.

La respiración es un elemento esencial. El aire que inhalamos, el viento que inspiramos está relacionado íntimamente con nuestra alma. Es parte de nuestro equipo espiritual.

Vamos a tomar más conciencia de nuestra respiración.

Vamos a inhalar profundamente y llenar de aire la cavidad diafragmática.

Así se llama esta respiración. Respiración diafragmática. Cantantes, actores, profesionales de la voz utilizan frecuentemente este tipo de respiración.

¿Cómo sabemos que estamos respirando diafragmáticamente? Muy sencillo. Vamos a cerciorarnos que nuestro estómago empiece a inflarse. Se infla como un balón pequeño en nuestro estómago.

Vamos a inhalar y retener los segundos que podamos la respiración.

Inhalamos y retenemos el aire dentro de nosotros por unos segundos.

6 segundos pueden estar bien en promedio.

Hasta los podemos contar. 4...5...6.

Ahora soltamos todo el aire contenido.

Una vez más inhalamos profundamente y retenemos la respiración.

Tu puedes contar silenciosamente.

1...2...3...4...5...6.

Y soltamos profundamente todo el aire retenido.

Al soltar toda esta gran cantidad de aire, nos conectamos a que estamos soltando toda la tensión de nuestro cuerpo, estamos arrojando todas aquellas cosas que nos preocupan o que nos estorban en este momento.

Vamos a arrojar esas partículas negativas de nuestros pensamientos hasta el fondo de la tierra a través de una profunda exhalación.

Vamos a inhalar una tercera ocasión de manera profunda, retenemos el aire, el viento lo retenemos unos 6 segundos.

Y los soltamos. Arrojando todas las tensiones y partículas negativas hasta el centro de la tierra, donde no puedan hacer daño a nadie.

Inhalamos profundamente y lo retenemos.

...2, 3, 4, 5, 6.

Exhalación igualmente profunda.

Ahora, vamos a pasar lista de nuestras partes del cuerpo, procurando relajar cada una de ellas cuando así sean nombradas.

Empezamos por los cabellos. El llamado cuero cabelludo, esa piel y tejido que cubre nuestro cráneo.

Mencionamos las cejas, los ojos, oídos, nariz, boca y cuando las nombramos relajamos cada una de ellas y sus partes.

Los dientes, la lengua. Incluso podemos pasar este esencial órgano sobre nuestros dientes y encías. Relajando, cada una de sus partes.

Podemos mover la cabeza. Moverla en un lento y consciente vaivén hasta que podamos sentir la parte alta de la columna vertebral, empezando por sus siete huesos cervicales.

Relajamos el cuello, lo comprimimos y estiramos así como la espalda y el pecho.

Es bueno recordarlo. Cada vez que escuches el nombre de una parte de tu cuerpo lo puedes mover, contraer, estirarlo con tal de relajarlo y disipar tensión.

Continuamos por el recorrido corpóreo y pronuncio la caja torácica, el contenedor de nuestro corazón, nuestros pulmones. Seguimos por nuestros riñones. El estómago. Nuevamente hacemos conciencia de nuestra relajada respiración. Nuestros hombros, los brazos, las muñecas, las manos. Nuestros dedos. Podemos extenderlos, moverlos, relajarlos.

Regresamos al abdomen, repasamos nuestros órganos sexuales. La cadera. Las piernas, rodillas, los pies. Los dedos de los pies.

Vamos a cerrar los ojos y en nuestra pantalla mental, nos ubicamos en el lugar más hermoso de toda la tierra. El lugar más tranquilo de nuestra vida. Vamos a recrear este bello lugar, en nuestra pantalla mental.

Y este hermoso lugar vamos a recrearlo con todos los elementos que nos hacen sentir bien.

Podemos percibir el verdor de sus árboles, las plantas y flores más bellos de todo el universo.

Pequeñas colinas a lo lejos. Podemos hasta escuchar el agua de una corriente cercana. El horizonte limitado por el cielo y la tierra. Una vista panorámica que nos brinda paz, tranquilidad, plenitud, alegría espiritual.

Estamos ahí sentados en medio del lugar donde no nos hace falta nada. Estamos completos y agradecidos.

De repente un haz luminoso proveniente de las esferas espirituales más sublimes, empieza a descender sobre nuestras cabezas y nos empieza a llenar de esa luz color zafiro y blanco con chispas destellantes.

La luz poco a poco nos empieza bañar sintiendo gradualmente su recorrido por nuestro cuerpo. Nuestra cabeza, los ojos, oídos, boca. El cuello, los hombros, los brazos y manos. Podemos percibir como ese haz luminoso maravilloso continua su descenso sobre nuestro pecho y estómago. Recorre nuestros órganos sexuales. Las piernas, rodillas y pies. Saliendo incluso de los dedos de nuestros manos y pies.

Vamos a permanecer así unos segundos para poder disfrutar la bondad, la inmensa misericordia del Creador a través de estos rayos luminosos que fluyen por todo nuestro cuerpo. No hay separación entre luz y nosotros. Todos somos Uno. Somos parte del Creador. También somos Luz y podemos disfrutar de esta bondad.

Vamos a agradecerle al Creador por este momento.

"Gracias Creador de todos los mundos."

Llenos de luz, en la conciencia que también somos Luz, vamos a pedirle que por favor nos haga saber poco a poco y con misericordia qué cosas hay que transformar para bien y así tener una vida mejor, para poder cumplir nuestra misión con bondad y dulzura. Con sabiduría.

Vamos a preguntar qué cosa nos interrumpe en nuestra vida para lograr una mayor plenitud espiritual, física y acercarnos a la paz siempre anhelada.

Escuchamos atentamente.

Si en este momento no hay descenso de información.

En otra sesión se puede recibir.

Vamos a traer a nuestra pantalla mental a una persona que esté transitando por un pasaje difícil, que tenga algún problema de salud, sea salud en su cuerpo, en su familia, en su economía, en su trabajo…. Y lo vamos a invitar a este espacio maravilloso. Le vamos a compartir toda nuestra luz. Incluso le podemos imbuir a través de nuestras manos en esa parte de su cuerpo debilitado, esta luz que sale de nuestras manos. Lo podemos abrazar. Le podemos recorrer bañando, compartiendo, invitándolo a recibir paz, sanación, fe, alegría.

Con tranquilidad y alegría espiritual lo vamos a despedir de nuestra pantalla mental recordándole que toda luz viene del Creador, que toda sanación viene del Creador.

Ahora, vamos a orar.

Vamos a implorar al Creador por algo que en este momento nos está eclipsando nuestro contacto con lo espiritual.

Vamos a implorar que nos ayude a resolverlo.

Cada quien con sus palabras propias, con su respetuoso lenguaje.

"Creador de todos los mundos por favor ayúdame a resolver esto: …".

En este maravilloso lugar donde estamos… vamos a caminar hacia una puerta.

Llegamos a ésta y subimos tres escalones.

Uno.

Dos.

Tres.

Llegamos a otra puerta y la atravesamos cuidadosamente.

Hay 7 escalones los cuales los subimos con fe y alegría.

Uno.

Dos.

Tres.

Cuatro.

Cinco.

Seis.

Siete.

Al arribar caminamos por un pasaje bellísimo el cual nos lleva hasta el lugar físico donde estamos sentados e iniciamos nuestra biomeditación.

Nos podemos ver desde arriba. Sentados. Con las palmas de las manos hacia arriba.

En estado de paz, de plenitud. Sin que nada nos falte.

Podemos observar el lugar que nos rodea y podemos compartir paz, tranquilidad, luz a toda esta área que nos protege.

Podemos imbuir con la vista, luz a todos los objetos que están a nuestro alrededor. A las paredes, a los objetos, todo nuestro entorno. A todo el lugar.

En nuestra pantalla mental observamos que todo está más luminoso. Más limpio. Podemos decir hasta que parece todo brillar con más alegría y paz.

Nuevamente nos observamos a nosotros mismos. Sentados. Con más paz.

Vamos a contar regresivamente de 10 y al finalizar vamos a abrir lentamente los ojos.

Al regresar y hacer contacto con nuestro entorno físico vamos a retornar con más fe y alegría. Vamos a regresar con más fortaleza espiritual. Con anhelo por acercarnos más.

10.

9.

8.

7.

6.

5.

4.

3.

2.

1.

Abrimos lentamente los ojos. Vemos a nuestro alrededor.

Respiramos tranquilamente.

Si deseas puedes poner pausa a este audio.

Si lo deseas, puedes comer alguna galleta o dulce de tu preferencia.

Puedes caminar un poco. Puedes hablarle a alguien y compartirle tus palabras. Puedes orar y dar nuevamente gracias.

"¡Gracias Creador por darnos esta oportunidad!"

Vamos a hacer una pausa.

## 10 Gracias.

Muchas gracias por estar en este momento escuchando estas palabras de bioconciencia.

La meditación y la oración es de lo más fuerte que hay en lo espiritual. Realmente la oración es una de las herramientas más poderosas que hay. Dicen los Sabios que todo se puede lograr oración, donación y la acción adecuada. **Todo**.

Gracias por leer y escuchar estas palabras de bioconciencia, este álbum de biomeditación.

## datos & contacto

Si deseas más información sobre libros, audios o clases de bioconciencia, visita nuestro sitio: www.bioconciencia.net. Aquí podrás encontrar los textos y audios de tu interés.

Este audio ha sido diseñado para que te sirva personalmente. Para que sirva en tu vida simple personal. Si lo puedes recomendar te lo vamos a gradecer. Si lo recomiendas y se compra en las tiendas de distribución nos vas ayudar mucho porque poco a poco podemos publicar más textos, libros y audios de bioconciencia.

Si tienes alguna pregunta o comentario, escríbenos a contacto@bioconciencia.net.

Muchas gracias y te deseo todo lo mejor. ¿Qué es lo mejor? La paz completa. La Paz siempre anhelada que incluye a la humanidad entera. Que tengas un día bueno, una vida buena. Que cumplas tu estancia en esta vida con fe y alegría. Que superes tus pruebas personales con dulzura, vigor, conocimiento.

Hasta que el Creador y tú quieran.

Que sea muy pronto.

Gracias.

Algunas personas pueden estar interesadas en adquirir este libro para propósitos educacionales, comerciales para Instituciones en busca de donativos y/o promocionales. Para información, favor de contactar: bioconciencia@live.com.mx o ventas especiales: ve@bioconciencia.net.

## acerca del autor

El autor de la obesidadespiritual continua escribiendo con ánimo sus temas esenciales.

Jaime Kurt es un profesional de la voz, relacionado con el mundo de las palabras y las letras, muy dedicado al estudio y práctica de la historia y la espiritualidad. Cursó la Licenciatura de Historia y se enfocó especialmente en Israel y el Sagrado Templo de *Jerusalem*. Ha colaborado en diversos medios electrónicos donde generalmente ha sobresalido su cálida comunicación con su auditorio. En Radio y TV, Jaime ha sido voz y conductor de conocidos programas de la Ciudad de México. Su fe, alegría y continua curiosidad científica se ve plasmada en sus amenos textos. Su guión preferido y sugerencia constante es mostrar una Historia Espiritual que sirva al actor humano para acceder a la paz siempre anhelada. Jaime ha sido bien aceptado como autor y promotor de este nuevo concepto de Literatura Espiritual cuyas letras principales es invitar a buscar la esencia de todo y así promover la paz, la tolerancia y la dignidad del ser humano.

los libros de bioconciencia

## la obesidadespiritual
la esencia para vivir ligero

## los turistas regresan de nuevo
la libertadespiritual

## la suerte de un *hit*
### destino y libertad espiritual

## vocales y consonantes
### las letras espirituales

Acude por favor a la página de libros nuevos de **bioconciencia.net** para conocer los nuevos títulos disponibles, así como los enlaces a las librerías más accesibles.

Esta obra se terminó en Enero del 2014, en los talleres de **createspace** Amazon.

Para la elevación del alma de todos aquellos seres cercanos y queridos por nosotros. Recordar con fe.

Pidiendo el consuelo total. Contemplar el saber que continuamente el Creador de todo, nos da lo necesario.

www.ingramcontent.com/pod-product-compliance
Lightning Source LLC
Chambersburg PA
CBHW061518040426
42450CB00008B/1675